Prosa & Gedichte

REALTITÄT IST, WAS DU D'RAUS MACHST

Tom Krikowski

3. Auflage 11|17
© SELBST Verlag Offenburg
www.tomkrikowski.de

Herstellung und Verlag:
BoD - Books on Demand, Norderstedt
ISBN 978-3-7448-9683-2

Den Kaffeehausmenschen

Du, oder niemand

Milde lächelnd, schweift mein Blick,
Auf den SUV der missgeschicklich,
Vor dem Eingang des Supermarktes
steht.

Eine Frau lädt zugeschmiert mit Farbe
im Gesicht,
Und Klunker behängt, die 55-cent-Milch
Und die Sklavenhändler-Schokolade
In den Kofferraum.

Es ist wie's ist, ist oft das Argument.

Ja, wenn man denkt, das ist so
Muss man selbst nicht handeln.
Und, kann weiter durch seine
Unbewussten Träume wandeln.

Hut ab, vor allen, die ihren Geist
Wirklich gebrauchen.

All das im außen, ist ein Spiegel.
Du bist die Instanz die hier regiert.

Milde lächelnd schweift mein Blick.

***

Es geht mehr um das erspüren von Momenten, nicht darum sie in irgendeine Schublade zu packen. Keine schwarz/weiß Darstellung; eher vielfältig bunt. Wer sich seiner selbst bewusst ist, vermag Wunder zu wirken, ja, Wunder zu wirken ist sein täglich Brot. - Wunder zu wirken ist der natürliche Zustand jedes einzelnen und dies bewusst zu tun macht einfach glücklich.

"Den Sinn des Lebens kann man nicht suchen, nur finden."

Mr.Treashure

Some people call him Mr.Trasher,
For some it's Mr.Treasure.

Some people give to Mr.Trasher,
Some take from Mr.Treasure.

Some people waste their time, buying
new things they don't need.
Some search for waste, to have
something to eat.

Some try to fill their empty hearts,
While others bubble over from their
love.

It's the same place, but not the same
time. What if one day they will meet
and look into each other's eyes.

Für sich selbst sorgen

Sorge für dich selbst, sonst tun es andere für dich oder niemand. Mach einen Spaziergang, zünd dir eine Kerze an, nimm ein Buch zur Hand, oder schreib eins selbst. Alles was zählt bist Du. Fang an dich um dich selbst zu kümmern, um deine Träume. Durchschreite neue Räume, jeden Tag ein paar neue Schritte auf noch unbekanntem Land. Hör auf dein Herz und dem Verstand, gib ihm die Aufgabe nach dem schönen und guten Ausschau zu halten. Vergiss die alten Gedanken, die dich in ein Leben voller Schranken ziehn. Du kannst Ihnen entfliehn, in dem Du dankbar das annimmst, was das Leben Dir jeden Tag aufs Neue schenkt. Alles ist schon da. Das Paradies ist kein ferner Ort in einer anderen Zeit.

Es ist hier und heut. Und wenn Du es noch nicht, oder nicht mehr siehst, sei dir gewiss, es ist da. Es ist hier und jetzt, wenn Du den Filter deiner Wahrnehmung von der Nase setzt.

***

Das trennende Denken erzeugt Leid

Jeder deiner Gedanken ist ein Energiefeld. Wähle bewusst, ob Du ängstlich - trennende - Gedanken oder liebvoll – verbindende – Ge -danken denken willst; und be-obachte wie dein Körper darauf reagiert. Deine Gedanken werden zu körperlichen Empfindungen und Du kannst mit deinem Körper als Messinstrument feststellen, ob ein Gedanke liebvoll-verbindend oder ängstlich-trennend ist.

Für viele ist es noch "normal" ängstlich-trennend zu denken und sie erleben

ihr Leben als langweilig, kleinkariert und trist. Das muss nicht sein, Du hast die Wahl. Wähle die liebevollste, warmherzigste und segensreichste Version von Dir. Die, die dich glücklich macht.

***

Es ist der 17te Dezember und es geschieht, dass mein Auge eine Blume sieht. Nicht eine, viele, und ich spiele mit dem Gedanken, ganzjährig Licht und Wärme aufzutanken.

Das Klima wandelt sich, oder ist es "nur" der Wandel des Geistes? Wie auch immer, es ist nimmer was im Außen, immer nur das Abbild in Dir, also erzähl mir, welche Welt, welche Erde willst du sehen?

***

Wenn man liebt, öffnet man sein Herz für immer. Das bedeutet nicht, dass man mit ihm/ihr ewig in einer körperlich nahen Beziehung sein will. Es bedeutet, dass man sich dem anderen und sich selbst gegenüber geöffnet hat. Die Liebe, wie ich sie verstehen, ist ein bewusstes-mit-allem-verbunden-sein. Das Erkennen das man mit allem verbunden ist, eine Beziehung hat zu
allem, egal ob körperlich und/oder gedanklich nah, oder am anderen Ende der Galaxie. Wir sind alle eins. Kein noch so kleiner Gedanke ist ohne Wirkung. Du bist Schöpfer und du musst dich entscheiden. Willst du auf die Angst hören oder auf die Liebe.

***

What if everything is OK

Thoughts getting quite, the small light inside, starts sparkling and you can hear yourself breathe, start to believe, that everything is OK.

Sleep well, sleep well my friend on the clouds of your own dreams. Tomorrow you will wake up and you will see.

Step by step you will walk through your life shining and, you won't mind if at the end it's never ending.

***

Die Krux
mit der Neutralität

Es ist ein weitverbreiteter Irrtum.
Ja, die Wissenschaft beruft sich sogar
auf die Neutralität.

Ok, nicht sofort in die Bewertung einer
Situation oder eines Ereignisses zu
fallen, mag gut sein.

Die Neutralität aber zu benutzen, um
den Status Quo zu bewahren, um sich
seiner eigenen Schöpferkraft zu
entledigen,
ist weniger gut.

***

Ohne Smartphone im Café,
Selbst smart sein,
Stift und Block sind mein.

Ich reim' und will was sagen,
Verbann' den Zweifel aus deinem
Kopf,
Hör' auf dein Herz,
Es liebt bedingungslos.

Auch deine Gefühle,
Gesellschaftlich oft unterdrückt,
Steig aus der alten Mühle.

Alles darf sein,
Nur durch die Liebe,
Können deine Wunden heilen.

Übergib' wie Holz dem Feuer gleich,
All deine Zweifel deinem Herzen.

Es gibt ein Ort in Dir,
Ganz, und ohne Schmerzen,
An dem bist Du frei und unberührt.

Die Liebe ist der einzige Weg,
Der Dich zu ihm führt.

***

Seenot

Vor Seenot,
Kommt Schleppergeldnot,
Kommt Hungersnot,
Kommt Terrorangst.

Vor Terrorangst,
Kommen Terrorwaffen,
Kommen Waffenlieferanten.
Kommen Geldsäcke.

Vor Geldsäcken,
Kommen reiche Eltern,
Kommt keine Zeit,
Kommt keine Liebe.

Vor keine Liebe,
Kommt alle hassen,
Kommt sich selbst hassen,
Kommt sich selbst nicht lieben.

Herz

Das Herz, es schlägt,
Und spirituell gesehen,
Ist es das Zentrum des Geschehens.

Jeder Gedanke, jedes Gefühl,
und jede Tat, ist gut,
wenn sie das Licht des Herzens hat.

Im Herz, da wohnt die Liebe,
Die liebe zu Allem-was-ist,

Wohnst du in deinem Herzen,
bist du, von Natur aus Optimist.

***

Die Sonne

Die Sonne, sie wärmt mich,
Schenkt mir ihr Licht,
Gibt mir zu essen,
Ohne sie, wäre ich nicht.

Regen ist Wasser,
Von der Sonne erwärmt,
Die Sonne ist ein Tausendsassa,
So nah, und doch so fern.

Auch in mir, ist die Sonne,
Das Licht des Seins,
Es nährt mich, es wärmt mich,
Ohne es, könnt' ich nicht schein'n.

D'rum zünde erneut das
Feuer in deinem Herzen,
Es wird dich führen,
Zu dem Herzen,
In dem alle Wesen sind EINS.

Gefühle

Gefühle fühlen,
Niemand hat schuld,
Nicht in den Gedanken wühlen,
Übe den Geist in Geduld.

Gedankenlosigkeit,
Zeit für deine Gefühle,
Die Mühle des Geistes stehe still,
Das ist, was es gilt.

Willst du die Trauer nicht,
Kannst du das Glück nicht
empfinden,
Erst wenn du bedingungslos fühlst,
Kannst du dich selbst wieder
finden.

***

Oktober

Die Erde neigt sich,
Die Sonne steht tiefer,

Die Kiefer hält ihre Nadeln fest, Der
Laubbaum lässt, die Blätter fallen.

Menschen laufen,
Menschen klettern,
Menschen sammeln,
Menschen schnattern.

Kastanien schmecken,
Kastanien waschen,
Zuerst in die Hände,
Dann in die Taschen.

Zuhause ist's noch warm,
Zuhause ist's noch hell,
Auch nach dem Sonnenuntergang,
Genießt es!
Der Winter kommt schnell.

***

Der Äther gefüllt mit reiner Energie,
So leicht war es noch nie,
Das sie ins Bewusstsein tropft.

Nicht gestern und nicht morgen,
Nur heute gilt das Leben.

Ohne sorgen, setz ich Schritt vor Schritt,
Froh und in meinem Selbst geborgen,
Nehm ich alle Wesen mit.

*****

Weitere Bücher des Autors:

Die Prinzessin des Herzens

Eine kleine Geschichte vom Weg zurück zur Selbstliebe.

Die Königin des Herzens

Das Erwachen des Bewusstseins.

Sein&Tun
Kartenset für und gegen Langeweile

68+2 Freikarten mit Begleitbuch

Die Geschichte von Sanft und Mut

Regenbogen-Prosa

*Coverbild/Layout by Tom Krikowski